B. Ste ROMAINE VIERGE
Martyrisée prez la Ville de
BEAVVAIS
au sepulchre de St Lucian.
Ganiere f.

ABREGE'
DE LA VIE
DE Ste ROMAINE
Vierge & Martyre.

Et en suite l'explication de son Image.

SAincte Romaine fut vne des Vierges, lesquelles auec saincte Benoiste, se transporterent de Rome iusques dedans les Gaulles en nombre de douze, ayans oüy parler des Combats & Martyres y soufferts par douze Cheualiers Romains, poussées de mesme desir, & ayans quitté leur patrie, parens & amis, afin d'imiter la vertu, & pratiquer auec plus de perfection les enseignemens Euangeliques que ces Saincts y auoient preschés. Ce qu'elles firent auec tant d'auantage, que marchans sur leur pas, elles les suiuirent iusques au Martyre, & principalement Saincte Romaine qui le souffrit

au Sepulchre de Sainct Lucian premier Euefque
& Martyr du pays de Beauuoifis fous Iulian l'A-
poftat, enuiron l'an 362. où apres auoir donné fa
vie & refpandu fon fang pour la confirmation
de la doctrine de Iefus Chrift qu'elle auoit am-
braffée & pratiquée courageufement à l'imitation de S. Lucian, elle laiffa fon corps accablé
foubs la pefanteur de la main d'vn bourreau,
que les Chreftiens deftournerent pour fuir la
rage des tyrans, & pour le metrre à couuert de
leur felonnie, & d'où en fuite il fut tranfporté
auec ceremonies en l'Eglife Cathedrale de
Beauuais, & d'icelle par apres en l'Abbaye de
S. Quentin proche les murs de ladite ville, où
il eft à prefent, pour y receuoir l'honneur que
les Catholiques ont accouftumé de rendre aux
corps & Reliques des Sainctes Vierges & Martyres, telle qu'a efté Saincte Romaine, qui pour
cette occafion tient en fa main le lis & la palme,
pour ne rien dire en ce lieu des autres parties de
fon Image, qui fans doute donneront fujet à
quelques curieux de rechercher pourquoy elle
eft depeinte de la forte, aufquels il fera fort facile de donner contentement, pourueu qu'ils
veüillent prendre la peine de lire le contenu és
articles fuiuans, qui comprennent en peu de
parolles l'explication de cette Image.

EXPLICATION DE

l'Image de Saincte Romaine,
Vierge & Martyre.

ARTICLE I.

De son geste, grauité & modestie.

S'Il est vray que d'ordinaire l'exterieur est l'indice & la marque tres-certaine de l'interieur, il nous sera facile de reconnoistre en cette Image quelle a esté la modestie de Saincte Romaine, quelles ses vertus interieures, & quels desirs elle auoit de plaire à son bien-aymé IESVS, apres qu'elle eut le bien d'estre Chrestienne, puis que toutes ces choses sont (à mon aduis) fort naïfuement representées par ce geste, grauité & modestie de visage que vous voyez en son portrait.

ARTICLE II.

De son habit.

ET de vray cette robe & cet habit d'vne façon toute simple ne vous fait il pas assez connoistre le mespris qu'elle faisoit des mignardises & delicatesses des Dames & Damoiselles de sa condition pour se ranger absolument du

party de son chaste & fidel Espoux Iesus, lequel
estant en ce monde n'auoit rien tant aymé que
la pauureté & la simplicité, puis que selon la noblesse de son extraction (car elle estoit fille de
Cheualier Romain, elle pouuoit sans preiudicier
à l'interieur de son ame, se maintenir dans vne
mediocrité honorable & proportiónée au lieu de
sa naissance: Ce que pourtant elle n'a voulu faire,
afin de tesmoigner à son fidel espoux, combien
elle estimoit la modestie tant recommandée dans
l'Euangile, & faisoit peu de cas de toutes les
pompes & vanitez de ce monde flatteur, qui ne
sert qu'à charmer les esprits foibles pour les de-
stourner de la vie Chrestienne & du droict che-
min de Paradis.

ARTICLE III.

De sa cheuelure pendãte sur ses épaules & sur ses bras.

LEs cheueux de tout temps ont esté l'orne-
ment des femmes, & principalement des
Dames Romaines qui auoient coustume de les
separer & ageancer par diuerses sortes de bande-
lettes, afin que par ce moyẽ elles parussent mieux
attiffées: Ce que Saincte Romaine auoit appris
dés sa ieunesse, & le pouuoit auoir practiqué à la
mode de ses compagnes: mais parce que dés aussi
tost qu'elle eust receu la lumiere de l'Euangile

elle quitta toutes ces mignardifes, nous pouuons
dire qu'elle ne prit pour toute parure que la mo-
deftie des efpoufes de Iefus Chrift, laquelle pa-
roift dans le mefpris des chofes aufquelles les
mondaines font plus attachees, ie veux dire des
cheueux, à l'imitation de la Magdelaine qui s'e-
ftant iettée aux pieds de noftre Seigneur, & les
ayant laué de fes larmes, ne fe feruit d'autres lin-
ges pour les effuyer que de fes cheueux, voulant
môftrer par là que l'vne des marques principales
de la côuerfion d'vne ame eftoit le mépris des af-
feteries de ce fexe qui paroiffent fur tout dans
les cheueux, lefquels parmi les Romains eftans
efpars & pendans à la negligence iufques fur les
efpaules eftoient vn figne de pleurs & de trifteffe, que nous pouuons à bon droiét attribuer à
fainéte Romaine, laquelle auoit vn deuil & vne
trifteffe extreme au cœur de voir vn nombre in-
nôbrable de perfonnes mefprifantes la doétrine
falutaire de Iefus Chrift.

ARTICLE IIII.

De fon chef couronné de rofes.

ELle a fur le chef vne couronne de douze
rofes, les vnes toutes blanches, & les autres
toutes rouges compofée auec tel artifice qu'elles ne fe touchent que par l'entremife de tout

plein d'efpines cachees & à couuert de quantité
de feuilles toutes vertes , de forte que tout l'en-
trelas ne defpend pas moins des efpines & des
feuilles, que des rofes , puis qu'elles feruent de
fouftien & d'appuy à tout le refte.

Les efpines qui font la premiere partie de cefte couronne fignifient les fouffrances & les peines par lefquelles cefte faincte Vierge eft entree
dans le bercail de l'Euangile.

Les feuilles toutes vertes fous lefquelles font
cachees les efpines nous tefmoignent combien
elle faifoit peu de cas des peines & des afflictiõs,
pourueu qu'elle fuft dans l'efperãce que fon pe-
tit feruice fuft agreé de fon fidele Efpoux Iefus
Chrift.

Les rofes toutes blanches comme neige (ayant
reietté les pafles, & celles qui rabbattent quelque chofe de leur efclat par ie ne fçay quel mef-
lange ou embruniffement de nature) reprefen-
tent que toutes fes actions n'ont efté que filles
de lumiere, & n'ont eu pour compagne que la
candeur & pureté d'intention.

Et le vermillon des rofes eft le fymbole, & le
hieroglyphe de fa charité & de fon martyre.

Mais qui ne fçait que l'odeur des rofes repre-
fente les doux attraits que faincte Romaine a-
uoit d'attirer les autres auec elle à la vertu, ayant
efté remplie de la bonne & tres-fuaue odeur de
Iefus Chrift.

Reste à adiouster quelque chose du nombre de douze, lequel nous monstre l'honneur qu'elle a d'estre du nombre de ces douze braues & vertueuses Dames Romaines conduites par saincte Benoiste, ou plustost par le S. Esprit en ces pays des Gaules pour la gloire de Iesus Christ, comme il est porté plus amplement en l'histoire de sa vie.

Ie m'oubliois à vous dire pourquoy elle a plustost vne couronne en teste, qu'vn bouquet de fleurs en main : mais quiconque sçaura que c'estoit la coustume à Rome de couronner de fleurs les filles le iour de leurs espousailles ne s'estonnera qu'elle la porte, puis qu'elle l'a si bien merité par dessus toutes les autres filles de Rome, que le fils de Dieu luy a dit, *Venez ma bien aimée, venez mon Espouse, venez & vous serez couronnée* : & partant nous luy deuons souhaiter non vne couronne seulement, mais mil & mil couronnes, comme en ayant le merite en vn degré tres excellent.

ARTICLE V.

Du liure de prieres qu'elle tient ouuert en sa main.

CE liure de prieres ouuert & couché sur sa main droicte fait voir les entretiens continuels qu'elle auoit auec son cher Espoux Iesus

Chrift par l'oraifon, à laquelle elle eftoit telle-
ment attachée, que mefme dans la plus grande
preffe des affaires qu'elle entreprit pour l'aduan-
cement du falut de fon prochain, elle renouuel-
loit fes ferueurs par des traicts iaculatoires efle-
uant fon cœur à Dieu, mais particulierement au
tombeau de S. Lucian où l'affiduité & l'ardeur
de fes deuotions parmy le ze le d'vne charité par-
faicte luy fit fans doute renouueller plufieurs fois
le defir efficace qu'elle auoit d'endurer le martyre pour l'amour de Iefus Chrift.

ARTICLE VI.

De la palme & du lis en fa main gauche.

CHacun fçait affez le Symbole de la palme
& du lis, mais le lis ne fut iamais mieux
employé que pour fignifier la pureté Virginale
que faincte Romaine a conferuée inuiolable-
ment iufques au tombeau, ny la palme que pour
eftre le Symbole de la Victoire qu'elle a rem-
portée fur les ennemis de l'Euangile, par le
martyre qu'elle a fouffert pour l'amour de fon
bien aymé Iefus, auec tant de courage que ce
luy eftoit vn Paradis fur terre, de luy tefmoi-
gner par le vermillon de fon fang qu'elle efpan-
dit fans efpargne, combien eftoit grande l'af-
fection & le defir qu'elle auoit d'aller à luy, &

le contentement qu'elle receuoit de luy pouuoir
ratifier par son martyre le côtrat qu'elle luy auoit
passé de luy estre loyale & fidele espouse, quoy
que desia elle l'eust assez confirmé par les victoi-
res qu'elle auoit remporté auec tout plein
d'honneur sur le monde, la chair, & le diable;
qui luy auoient liurez de si furieux combats &
des attaques si violentes, qu'à moins que d'auoir
vn cœur extremement noble & genereux, &
vne ame toute remplie de l'amour inuincible
enuers Nostre Seigneur; il y eust eu à craindre
pour elle: mais il ne faut pas s'estonner qu'elle
ait resisté aux attaques de l'ennemy si valeureu-
sement, puis qu'elle auoit bien le dessein de l'at-
taquer, le vaincre, & deffaire ce qui restoit de
son empire tyrannique en portant l'Euangile
aux quatre coins de la terre si l'incapacité de son
sexe n'eust borné ceste entreprise par le seul desir qu'elle en auoit.

ARTICLE VII.

De la soubscription qui est en son Image.

EN ceste soubscription, vous y lisez pre-
mierement le nom de Romaine, qui sans
doubte luy a esté donné du Ciel, Dieu ayant
voulu que le nom de sa famille & de sa noblesse
fut esteint auec l'Idolatrie, & que comme de

l'espine sort la rose tres-belle & tres suaue, ainsi la gentilité donnast l'extraction à saincte Romaine toute parfaite & accomplie, ne retenant de Rome, lieu de sa naissance, que le seul nom, qui luy est d'autant plus honorable, que tout ensemble la Ville de Rome est le chef, la force, & la gloire du monde, depuis notamment qu'elle a abandonnée & bannie de chez soy l'Idolatrie, & qu'elle est le siege du chef visible de l'Eglise Catholique, vnique, vray fondement & colomne ferme de toute verité. Or comme le nom de Romaine a esté honorable à ceste saincte Vierge, principalement parce qu'en cela elle a quelque chose de commun auec l'Eglise vniuerselle qui tient à grand honneur de porter pour appanage ce beau nom de Romaine, aussi saincte Romaine en contr'eschange a réleué en quelque façon la grandeur de ce sainct Nom le conjoignant auec sa saincteté à l'imitation de l'Eglise vniuerselle sa bonne Mere qui a sanctifié la Ville & le Nom de Rome, à l'instant qu'elle a permis que l'on ayt adiousté le beau Nom de Romaine auec ceux de Catholique & Apostolique, & que l'on dit hardiment & auec eloge qu'elle estoit Catholique, Apostolique & Romaine. Secondement vous y voyez le lieu de son martyre, afin que nous nous souuenions côme il a esté arrousé de son sang, & que nous

honnorions à son imitation le Sepulchre de S.
Lucian, où elle auoit vne tres-grande deuoti.n,
& souuent y presentoit ses prieres à Dieu, esti-
mant que ce luy seroit vn grand bon-heur si de ce
lieu sacré, elle pouuoit quitter le monde pour s'en
aller au Ciel iouyr de la gloire promise aux bien-
heureux.

ARTICLE VIII.

De l'Octogone & des rayons du Soleil dont saincte
Romaine est enuironnée.

CEste figure octogone qui contient le nombre de huict, en laquelle est enclose l'Image
de saincte Romaine, donne assez à cognoistre à
ceux qui sçauent le nombre des beatitudes de-
clarées en l'Euangile qu'elles ont esté en elle
auec tant d'auantage, qu'elles luy ont seruy
comme d'eschelons & de degrez pour arriuer au
sejour des bien-heureux, où iouïssâte de la gloire
elle regnera éternellement auec son fidel espoux. Elle est enuironnée des rayons d'vn Soleil
qui nous representent les grandes faueurs qu'elle a receuës de son tres glorieux Espoux Nostre
Seigneur Iesus-Christ, comme estant reuestuë
de luy mesme Soleil de Iustice, & qu'en toute sa
vie sur la terre, elle a marché dans la claire lumiere de toute verité & iustice, voire mesme iusques au dernier degré de la perfection de sa vie.

Prions la de nous impetrer de son fidel Espoux,
Nostre Seigneur Iesus, les moyens propres pour
l'honnorer dignement & conuenablement icy
bas en terre, & regner vn iour auec elle au Ciel
en toute eternité.

Ainsi soit - il.

A

www.ingramcontent.com/pod-product-compliance
Lightning Source LLC
Chambersburg PA
CBHW061557050726
47595CB00009B/3854